AF608724

من دقیقاً پیش حدود ۴ شهر بودم، به این مکان رفتم.
و این پارک برایم خیلی خوش آیند بود و در اینجا می توانستم
فامیل ها را نگاه کنم که در حال سیاحت میلم شان بودن
خیلی عالی بود. و این پارک فامیلی برایم خیلی دل نشین
باقی خواهد ماند.

عبدالنعیم خواجوی

Amine Djouadi - Jetée Chantereyne

« Sur la digue, entre la mer et la port, je me balade et je pêche. » (Traduit de l'arabe)

Amine Djouadi - Jetée Chantereyne

"On the pier, between the ocean and the port, I like to stroll or stop to fish." (Original caption in Arabic)

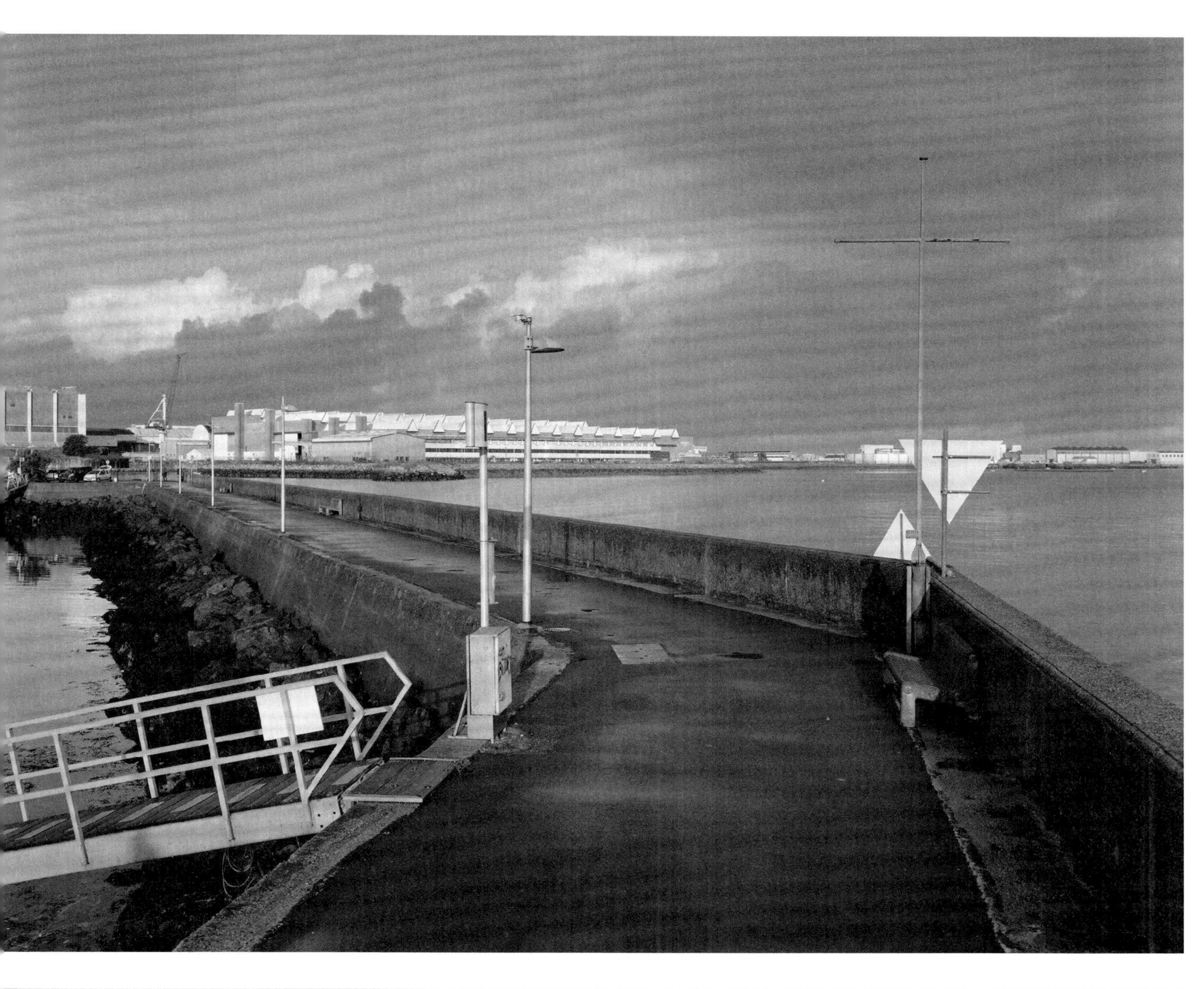

في المرفأ، ما بين البحر والميناء أستجمم
وأصطاد السمك وهذا يساعدني في الاسترخاء
وطهي أطباقي المفضلة.

جوادي محمد أسيد

Ahmed Agadaguib - Batterie du Roule

« Une fois par semaine, je gravis à pied la montagne du Roule. J'aime beaucoup cet endroit. Ses fortifications ont très bien défendu Cherbourg pendant la Première Guerre mondiale. » (Traduit du touareg)

Ahmed Agadaguib - Batterie du Roule

"Once a week, I hike up the montagne du Roule. I love this place. Its fortifications protected Cherbourg very well during the First World War." (Original caption in Tamashek)

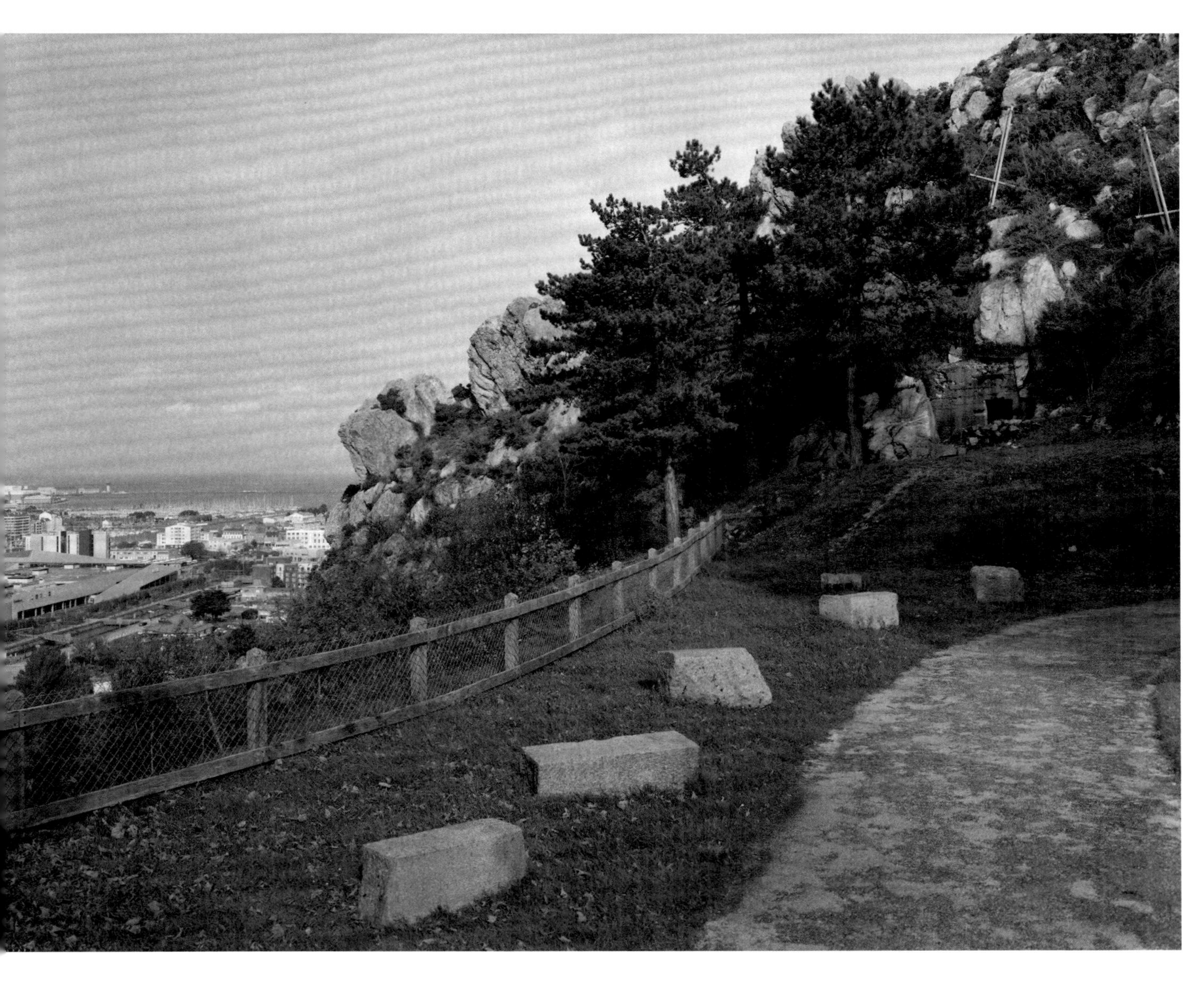

⁞·∵ ·ɓ·ǁ ϟǀ⁞<⊙ ·+ϟ∵·ɣ
∠E·ï =· ϟï#ж·⁝ ⵋǁ·⊙

·∵ǀ⊙ =· ï#ǀ ǀǀǀɣ·ǁꞆ
+·EⵋꞆ·ɣ ⵋ·ǁ·⊙ ɓ·ooo·

·ɣꞆV

Mamadou Baïlo Bah - Place Napoléon

« Napoléon est un des personnages de l'histoire de France que je connaissais avant de venir ici. Cette place, avec la statue de Napoléon, est devenue très importante pour moi. »

Mamadou Baïlo Bah - Place Napoléon

"Napoleon is one of the figures in French history that I knew about before coming here. This square with the statue of Napoleon has become very important for me." (Original caption in French)

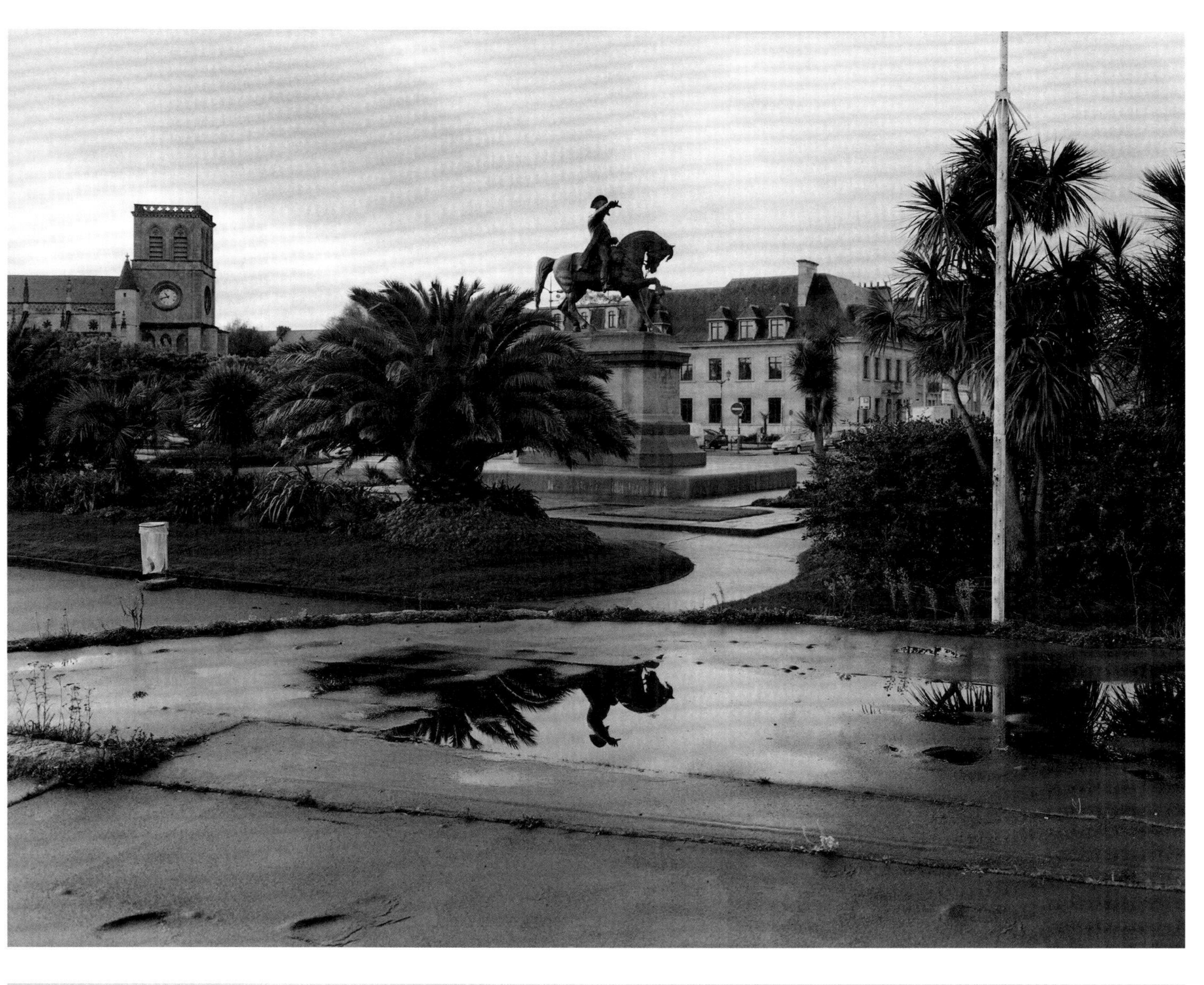

NAPOLEON est un des personnages de l'histoire de France
que je connaissais avant de venir ici. Cette place, avec la
statue de NAPOLEON est devenue très importante pour moi.

BAH Mamadou Baïlo Maci

Mamadou Baïlo Bah - Gare SNCF

« C'est l'endroit par lequel je suis arrivé. Pendant un moment, je me suis posé beaucoup de questions. Je me demandais si je pourrais vivre tranquillement dans cette ville... »

Mamadou Baïlo Bah - Train station

"This is where I arrived. For a while, I asked myself all kinds of questions. I wondered if I would be able to live peacefully in this city." (Original caption in French)

C'est l'endroit par le quel je suis arrivé. Pendant un moment je me suis posé beaucoup de questions. À savoir si je pouvais vivre tranquillement dans cette ville...

BAH Mamadou Bailo Maci

Ahmed Agadaguib - Skatepark de Cherbourg

« Je vais au skatepark pour regarder les gens faire leurs acrobaties. Quand je les regarde, le temps passe plus vite. » (Traduit du touareg)

Ahmed Agadaguib - Cherbourg skatepark

“I go to the skatepark to watch people do their acrobatic tricks. Time goes by more quickly when I’m watching them.” (Original caption in Tamashek)

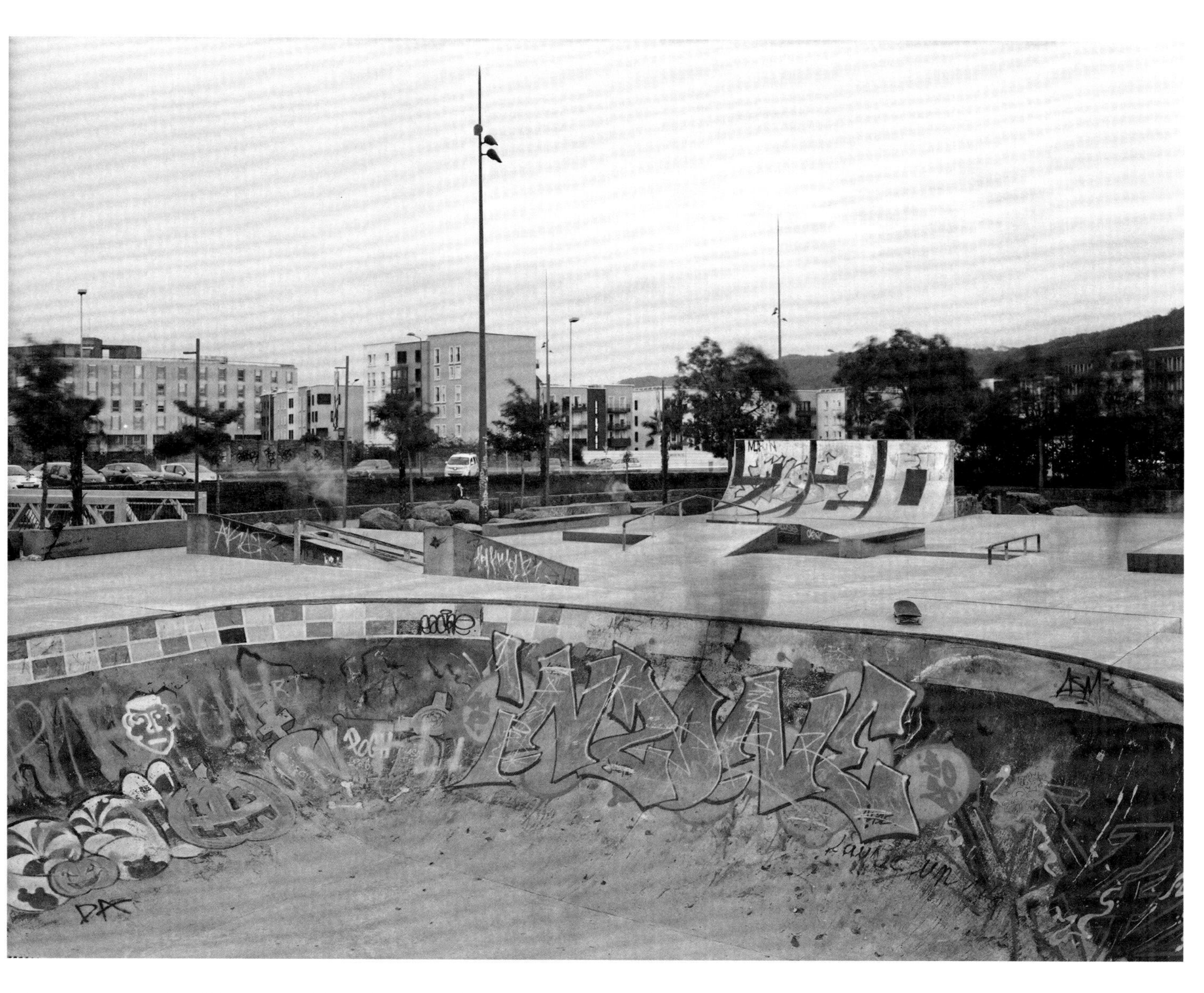

ⵙⵓⵜ ⵟⴷⵓ ⴰⵎⵍ ⵜⵣⴻ
ⵜ--ⵙⴻ ⴰⵙⵣⵔⵣⵓⵉⴻ
ⴰⵍ=ⵅ

ⴰⵖⵎⵠ

Abdullakh Ushurov - La Fauconnière

« C'est un endroit que j'aime beaucoup. J'aime y rester seul. En réalité, c'est beaucoup plus beau. » (Traduit du russe)

Abdullakh Ushurov - La Fauconnière

"This is a place I really love. I like visiting it on my own. It's actually much more beautiful than it seems here." (Original caption in Russian)

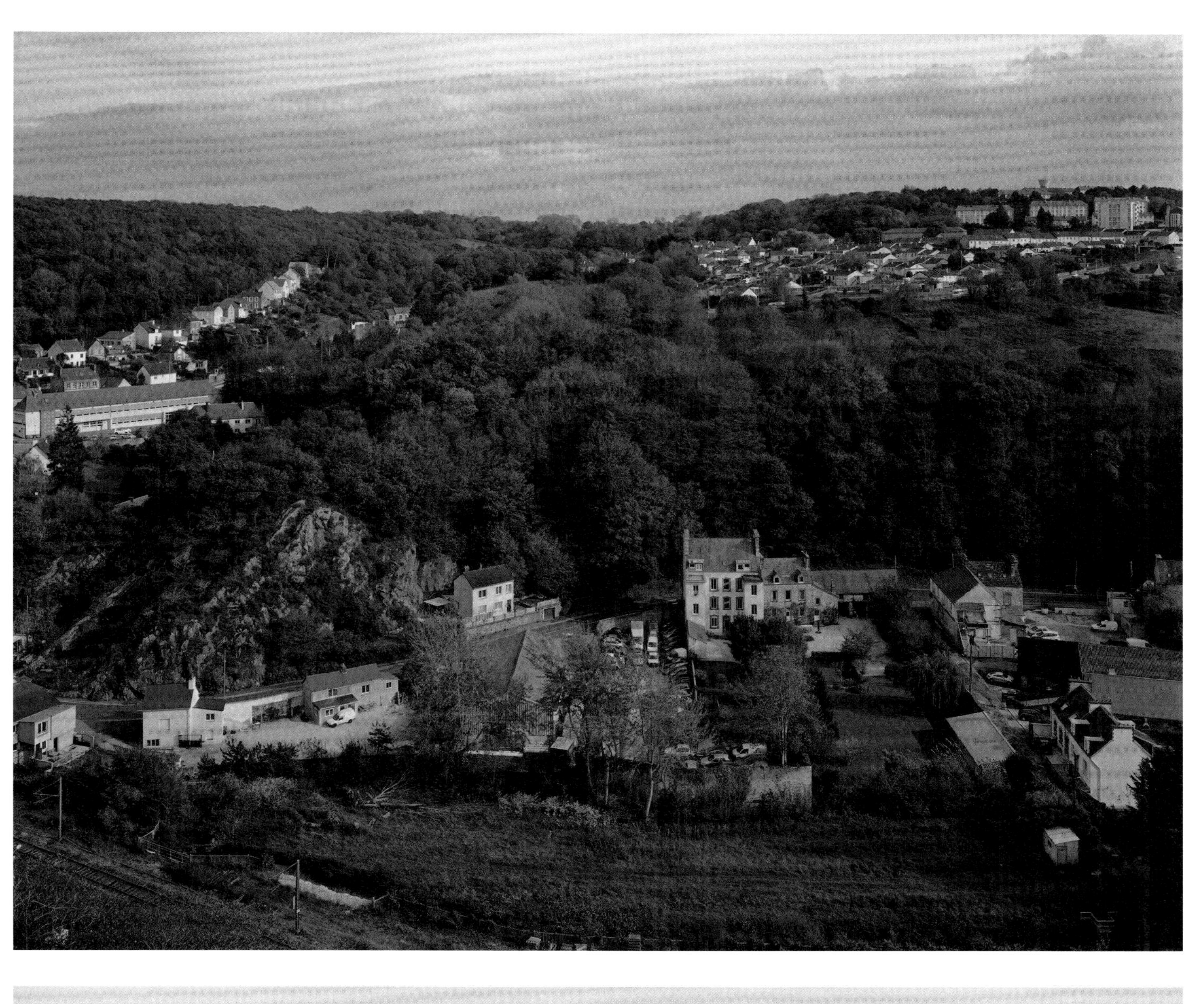

Это место которое я очень люблю. Я люблю оставаться один.
В реальности это место еще красивее!

Ушуров Абдуллах

Ahmed Agadaguib - Cité Charcot-Spanel

« Le jour où je suis arrivé dans mon appartement, j'étais très fatigué. Je me souviens avoir monté à pied tous les étages. Au dernier, je me suis demandé pourquoi j'étais venu à Cherbourg. Aujourd'hui, j'aime beaucoup vivre dans le quartier de Charcot, même s'il y a énormément de crottes de chien. » (Traduit du touareg)

Ahmed Agadaguib - Charcot-Spanel housing project

"On the day when I arrived in my apartment here, I was very tired. I remember climbing all the stairs. When I reached the top, I asked myself why I had come to Cherbourg. But today I really enjoy living in the Charcot district, even if there's lots of dog poop." (Original caption in Tamashek)

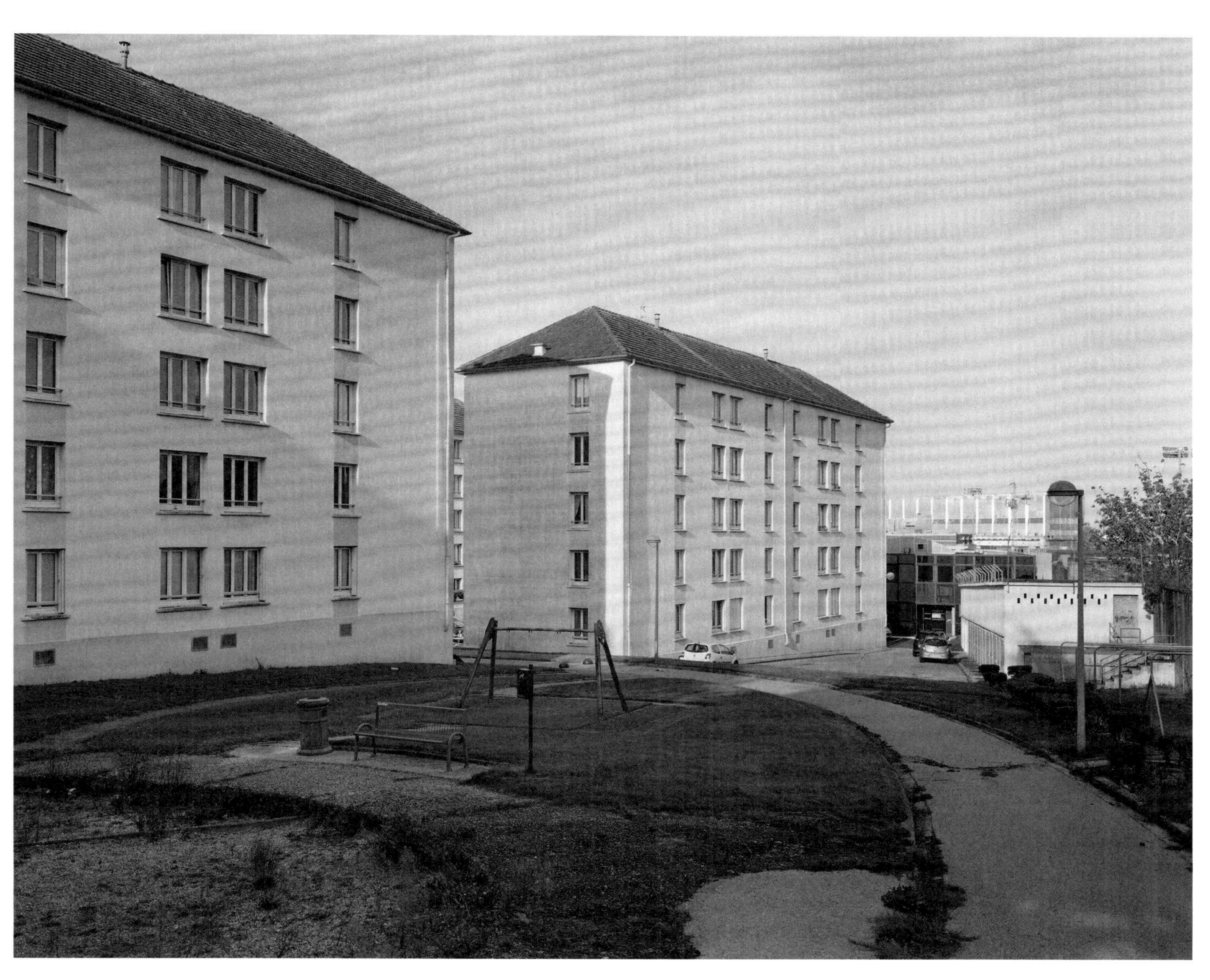

<E·ï =·ϐ·ll =·+ϟE --⊙<ɣ
ⵣ·O·| ·⊙ [·|:··E·⋮ ⊙·|Σ ïE
·ⵣ·O·| ·⊙ϟ:·ll ϐ·O:·--
][·ll·ɣϟ< ·:··:·+·| |Σ·E·|
⋮·|+·+ ϟïϟ[·ɣ·+][·ll·⊙
[·ϐ·| [ϟE·=·|ϟ|
⋮|+·+
·ɣ[✓

Amine Djouadi - Plage de Querqueville

« Cette photo représente la solidité du bois contre les vents et les grandes marées, et ça reflète ma personnalité. » (Traduit de l'arabe)

Amine Djouadi - Plage de Querqueville

"This photo shows how wood can withstand wind and high tides, and it reflects my personality." (Original caption in Arabic)

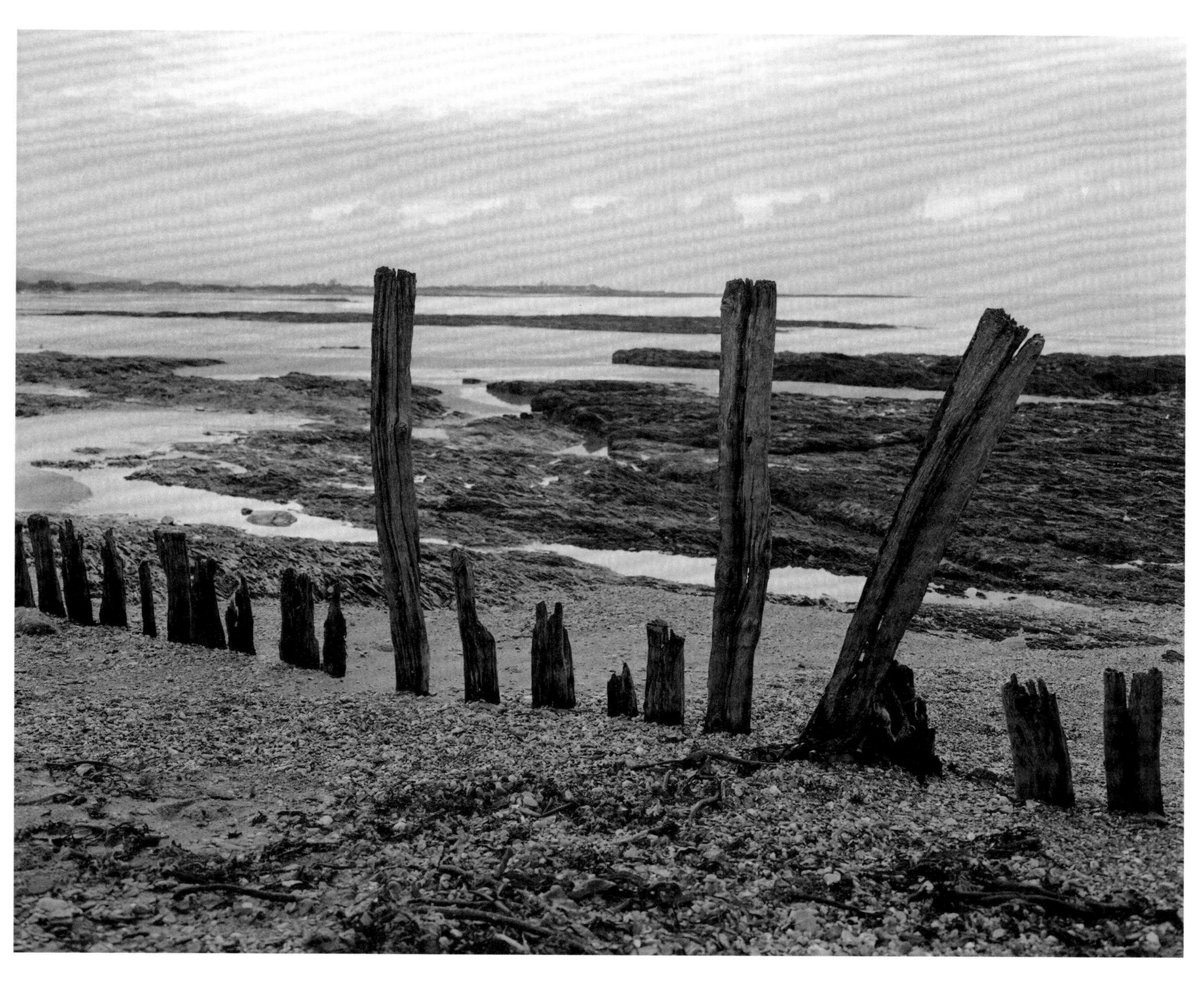

الصورة تمثل مدى صمود الألواح الخشبية
ضد الرياح والمد والجزر وهذا يعكس
شخصيتي.

جوادي محمد أمين

Abdulfahim Zahiri - Stade Léo-Lagrange

« Je joue au foot dans ce stade et j'y vois des matchs. J'ai rejoint le club il y a deux mois. Quand j'avais 10 ans, je jouais au foot dans mon village. Mais il n'y avait pas de stade. Je suis très heureux de jouer dans cet endroit. » (Traduit du bengali)

Abdulfahim Zahiri - Stade Léo-Lagrange

"I play football at this stadium and I also come here to see matches. I joined the club two months ago. When I was ten, I played football in my village. But it didn't have a stadium. I'm very happy to be able to play in this place." (Original caption in Bengali)

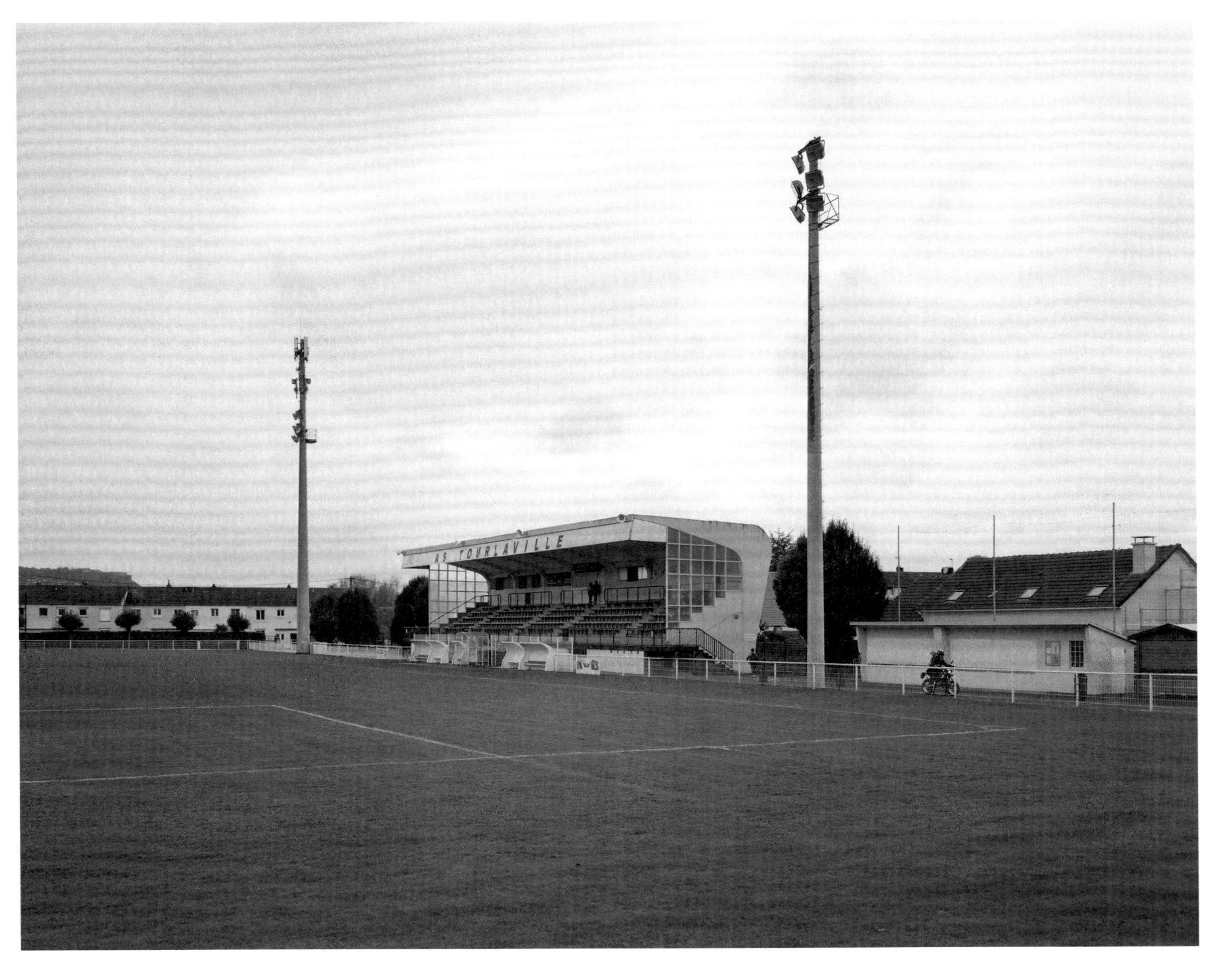

আমি এই ক্লাবে নিয়মিত ফুটবল খেলি,
এবং এখানে ফুটবল খেলা দেখতেও যাই।
এবং সেখানে অ্যামেচারদের ভাল খেলা - আমি -
দেখতে পছন্দ করি, এই ক্লাবে আমি
২ বছর থেকে খেলি, এবং আমার বয়স যখন
১০ তখন থেকে আমি ফুটবল খেলি। কিন্তু-
আমি আমার দেশে ফুটবল খেলেছি কিন্তু -
তেমন ফুটবল মাঠ নেই। আমি যখন
এই ফুটবল মাঠ দেখেছি তখন খুশি
হয়েছি।

Abdullakh Ushurov - Le Vallon sauvage

« C'est l'endroit où j'ai commencé à faire du sport à Cherbourg. Je viens très souvent dans ce parc, il est gravé dans mon cœur. » (Traduit du russe)

Abdullakh Ushurov - Le Vallon sauvage

"This is the first place where I went to get some exercise in Cherbourg. I still come very often to this park, it's etched in my heart." (Original caption in Russian)

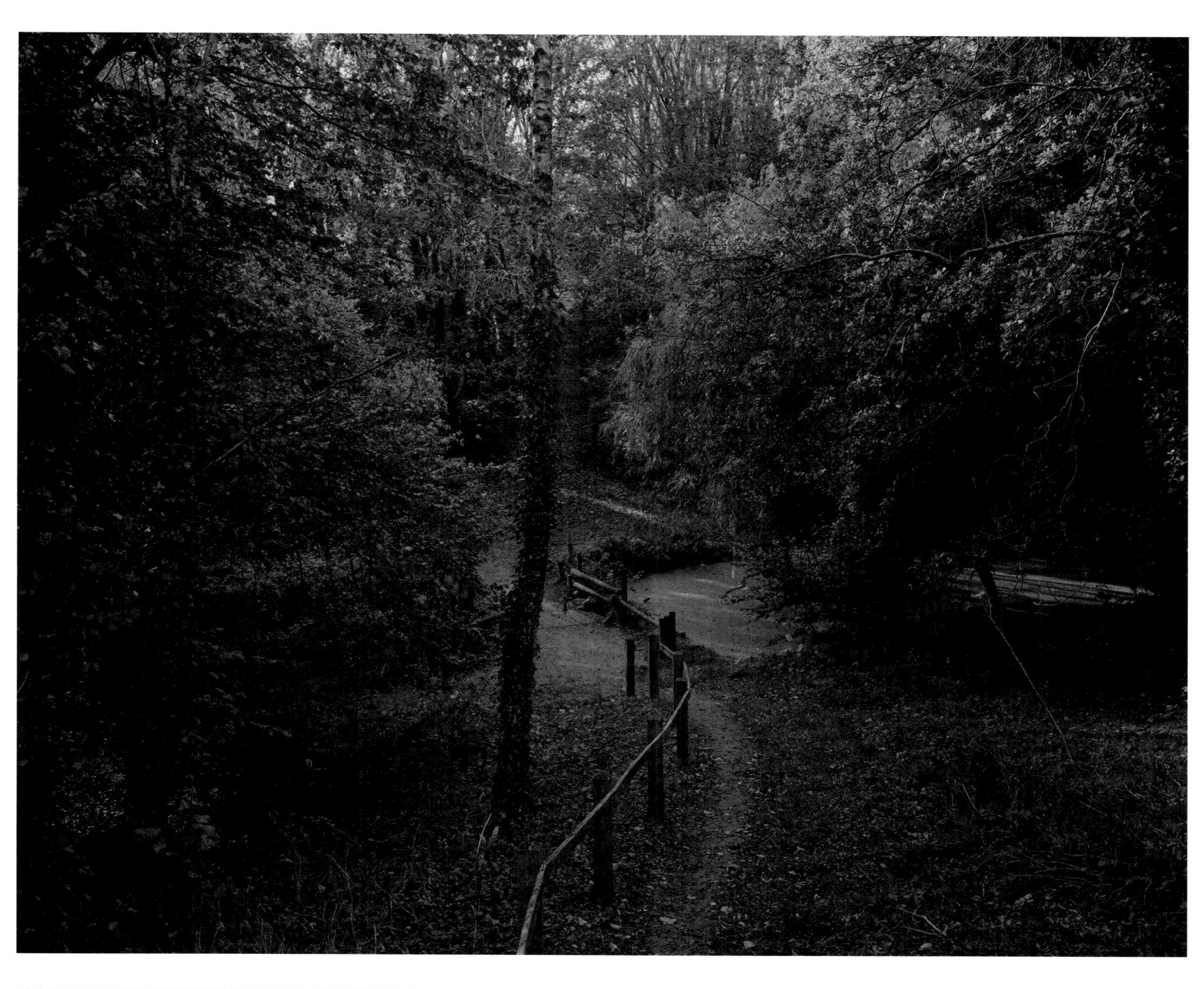

Это место где я начил тренироваться в Шербурге. Я прихожу очень часто в этот парк. Это место запечатано в моем сердце.

Ушуров Абдуллах

Amine Djouadi - Chemin de l'Amont Quentin

« Je passe par là tous les jours. La rue, les bâtiments et les poubelles me rappellent mon enfance et la cité où j'ai grandi en Algérie. » (Traduit de l'arabe)

Amine Djouadi - Chemin de l'Amont Quentin

"I pass through here every day. The street, the buildings and the trash bins remind me of my childhood and the neighborhood where I grew up in Algeria." (Original caption in Arabic)

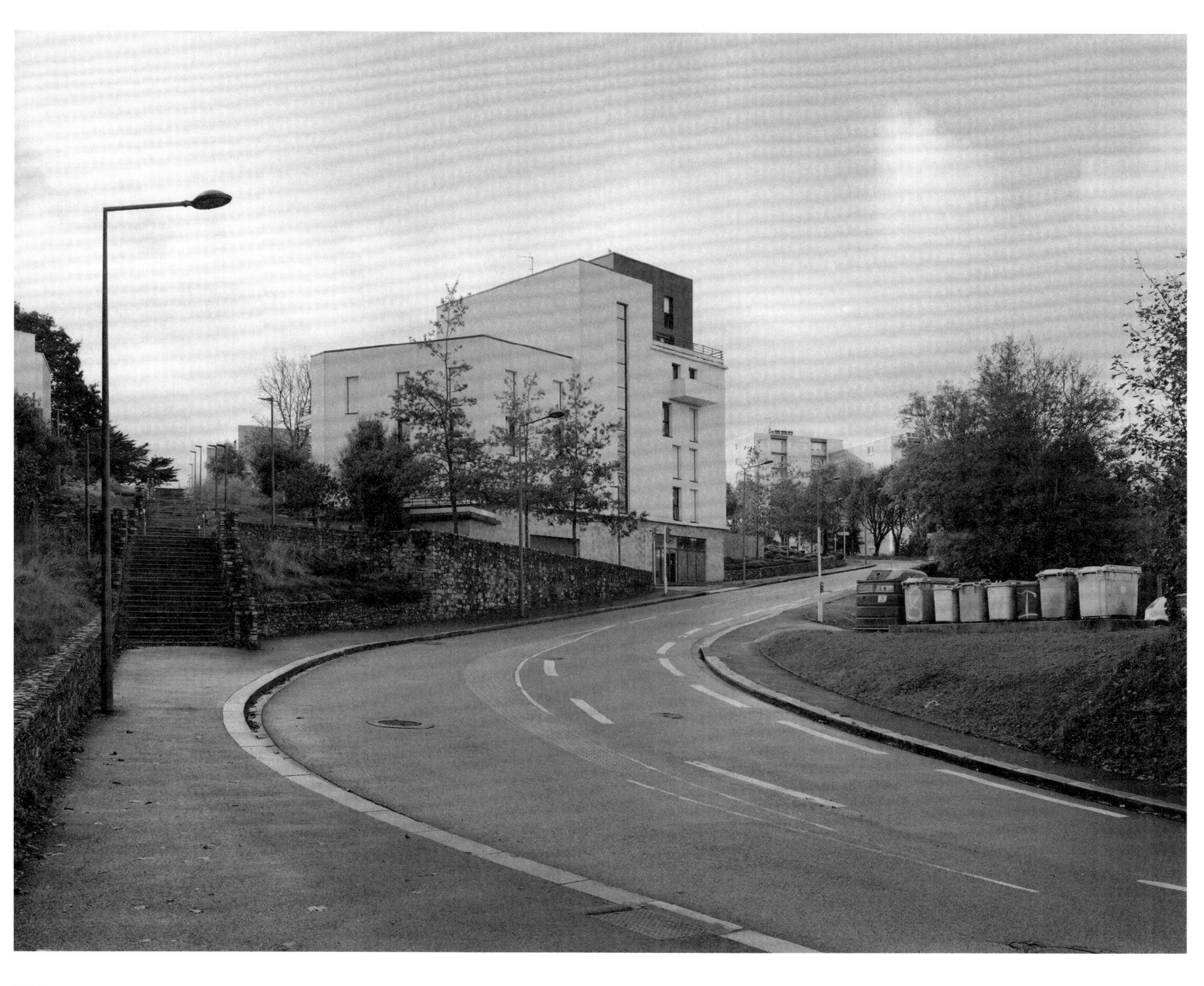

الطريق، العمارات، النفايات، تذكرني
بحياتي التي عشتها في الحي في الجزائر

جوادي محمد أسيل

Ahmed Agadaguib - Fort de Querqueville

« Il y a un an, je suis allé me promener avec un ami. J'ai aperçu cette maison sans comprendre à quoi elle pouvait servir. Jusqu'à maintenant, je n'ai toujours pas compris. » (Traduit du touareg)

Ahmed Agadaguib - Fort de Querqueville

"A year ago, I went on a walk with a friend and we came upon this house. Neither of us could figure out why it was here. Even today, I still don't understand." (Original caption in Tamashek)

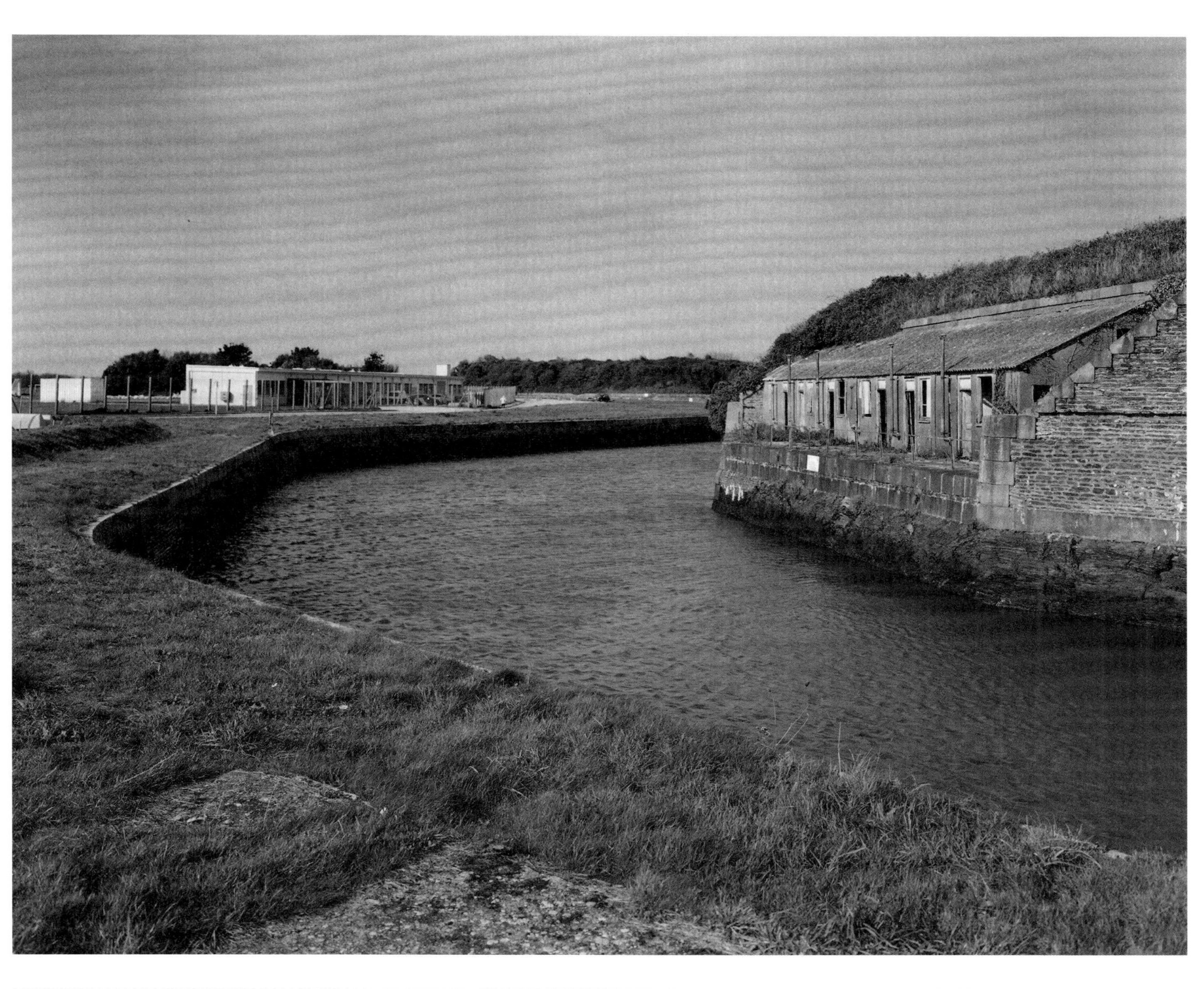

Abdulfahim Zahiri - La Manche

« Cette mer est très grande. Chaque fois que je me rends sur la plage, la couleur de l'eau est différente. La plage est immense. Lorsque j'y vais en été, je m'y sens bien. Cet endroit appartient à Cherbourg. » (Traduit du bengali)

Abdulfahim Zahiri - English Channel

"This is a very big body of water. Each time I go to the beach, the color of the water is different. The beach is huge. I love coming here in the summer, I feel very much at home. This place belongs to Cherbourg." (Original caption in Bengali)

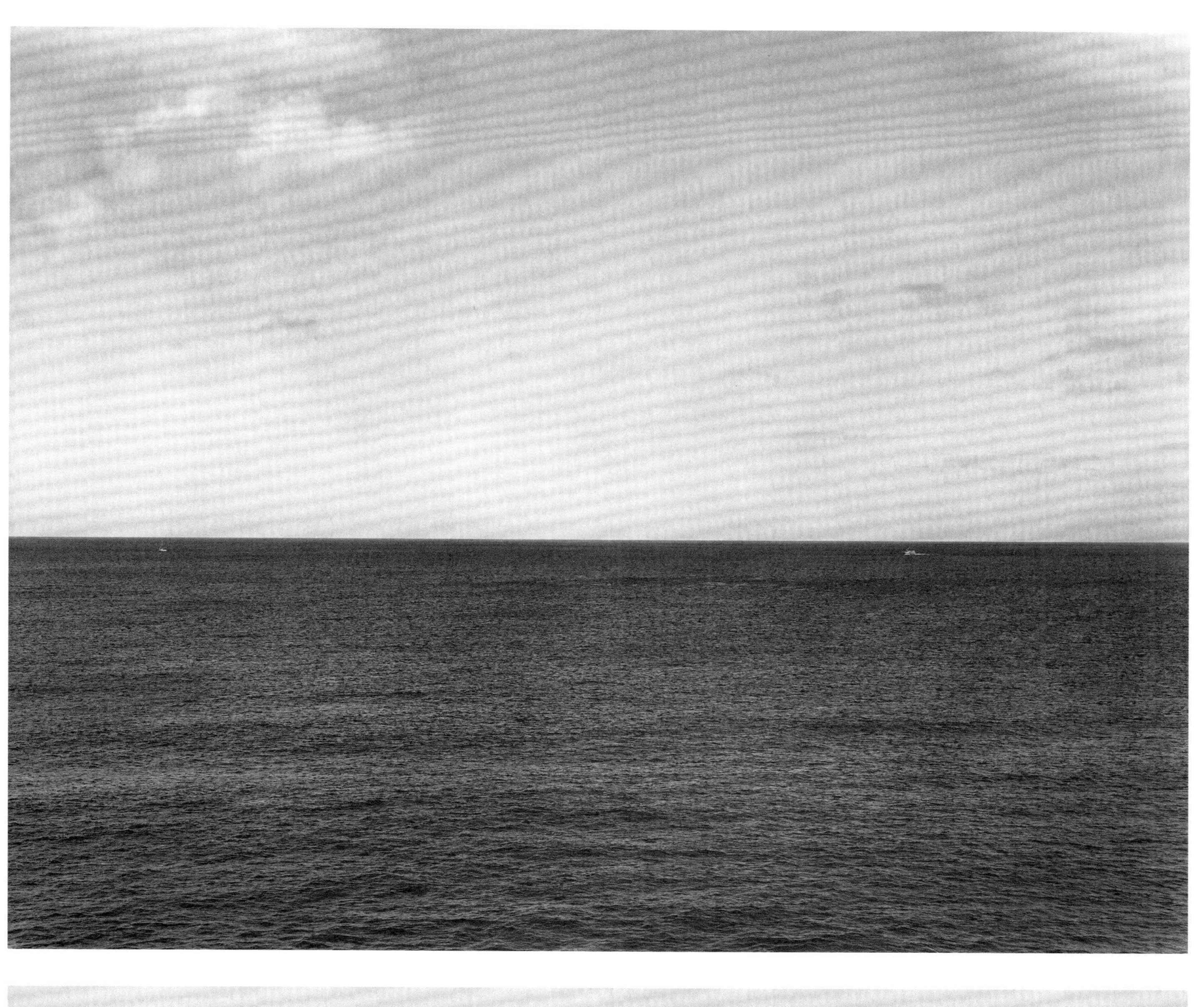

এই সাগর অনেক রঙ। এই সাগরের পানি
অনেক সময় নীল এবং অনেক সময় পানির
পরিবর্তন হয়। এবং আমি যতবার গিয়েছি-
ততবার পানির পরিবর্তন দেখেছি। এই সাগরে
সমুদ্র ভিন্ন ভিন্ন জায়গা। আমাদের চারদের-
সময় এই সাগরে কোনো [illegible] অনেক-
বৃষ্টি হয়ে যায়। এই সাগরই cherbourg
শহর থেকে অনেক কাছে।

Ahmed Agadaguib - Siège social de l'association Itinérance

« Chez Itinérance, on apprend et on découvre. J'aime particulièrement les jours où il y a l'atelier de théâtre après le cours de français. » (Traduit du touareg)

Ahmed Agadaguib - Itinérance headquarters

"At Itinérance, we learn and discover things. I especially like the days when there is a drama workshop after the French class." (Original caption in Tamashek)

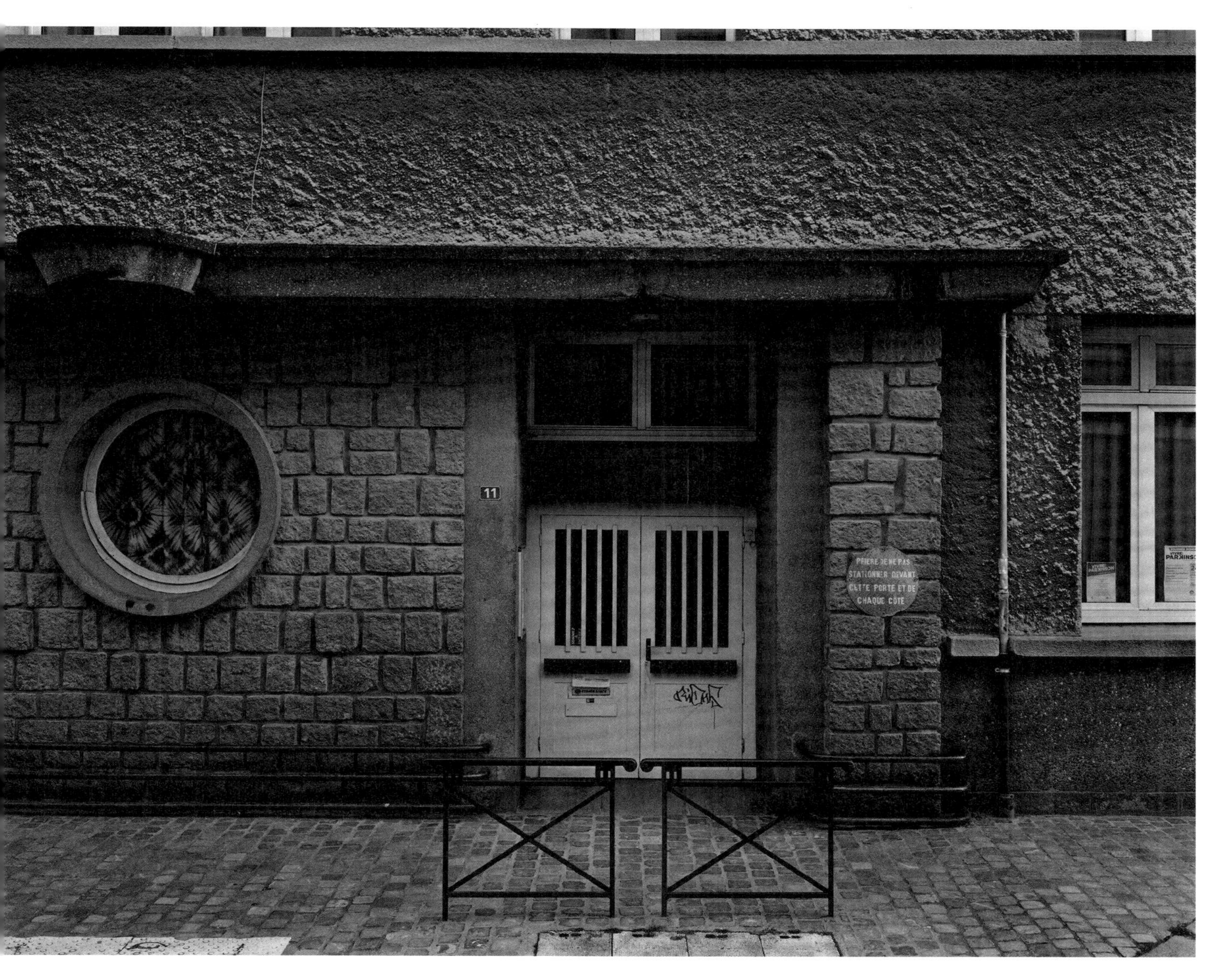

ⴹⵣⵗⴰⵖ ⴰⴹⵓⵍⴰⵎⴹ ⵜⵓⵍⵜ
ⴱⵣⵏⵜⴰⵏ ⵜⵓⴰⵍⵜ ⵜⴰⵍ ⵅⴰⵔⵏⴱⴰ
ⴱⴰⵖⵔⵛⵏⴰⵜⴰⵏⴰⵖ ⵜⵎⵖⴰⵔⵏ

ⴰⵖⵎⵠ

Abdulfahim Zahiri - L’Espace temps, Foyer des jeunes travailleurs.

« Lorsque je suis arrivé à Cherbourg et que j’ai vu cet endroit, je me sentais seul. Maintenant, j’ai beaucoup d’amis et je vis ici. Je me sens bien dans ce bâtiment. » (Traduit du bengali)

Abdulfahim Zahiri - L’Espace Temps, hostel for young workers

“When I arrived in Cherbourg and saw this place, I felt lonely. Today, I have lots of friends and I live here. I feel at home in this building.” (Original caption in Bengali)

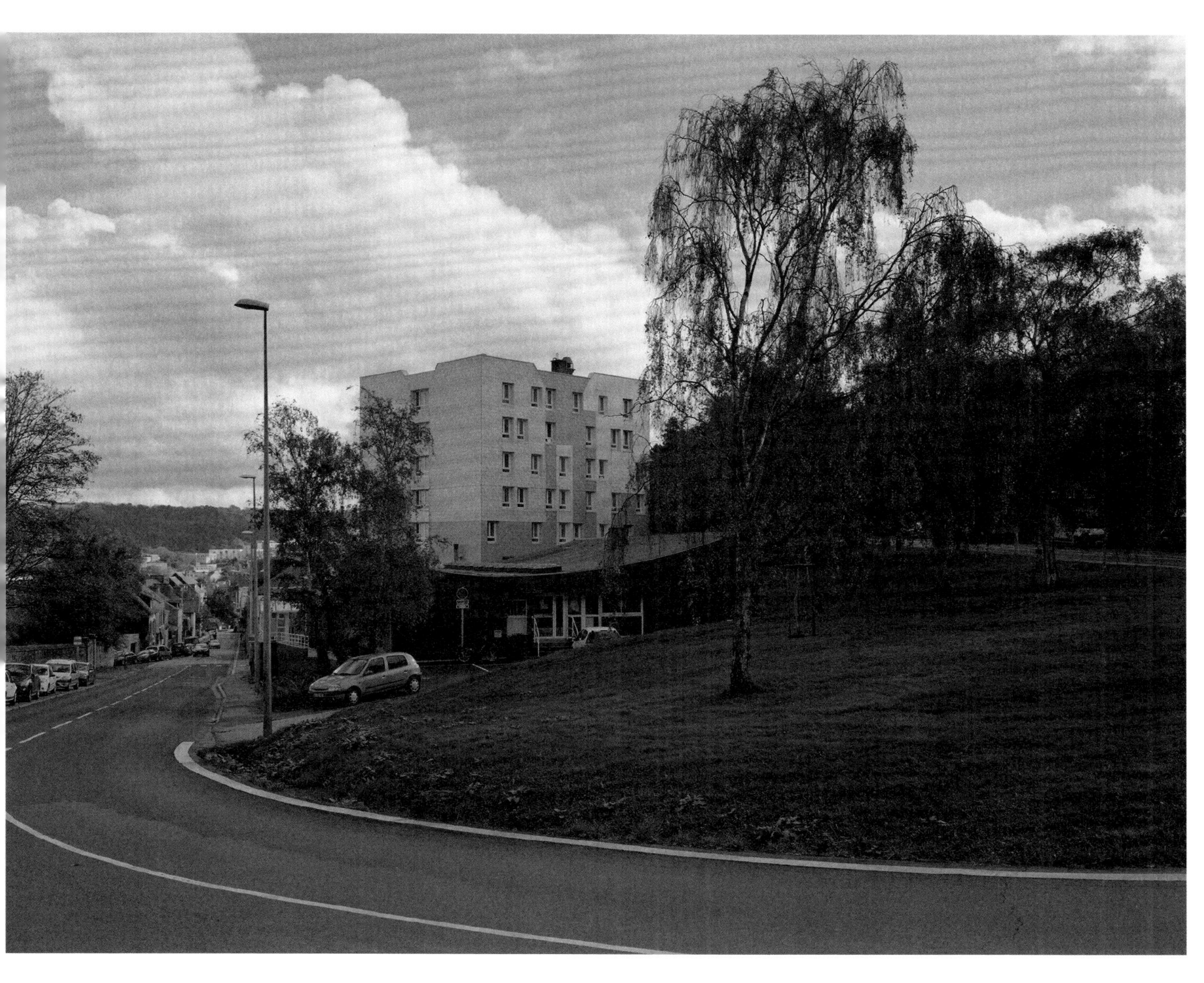

আমি যখন cherbourg আসি -
তখন প্রথম এখানে আসি। এবং -
প্রথম মনে হয় আমি অনেক একা
এখন এখানে অনেক বন্ধু পেয়েছি।
আমি এখন অনেক ভাল আছি
দুই বিল্ডিং এ থেকে।

Abdullakh Ushurov - Rue de l’Amiral-Courbet

« J’apprécie de vivre dans cette rue ancienne de Cherbourg. Elle évoque l’histoire de la ville et ses bâtiments représentent pour moi l’architecture française. Cela ne ressemble à aucun autre pays. » (Traduit du russe)

Abdullakh Ushurov - Rue de l’Amiral-Courbet

“I enjoy living in this street in the old part of Cherbourg. It evokes the city’s history, and for me its buildings are typical of French architecture. It doesn’t look like any other country.” (Original caption in Russian)

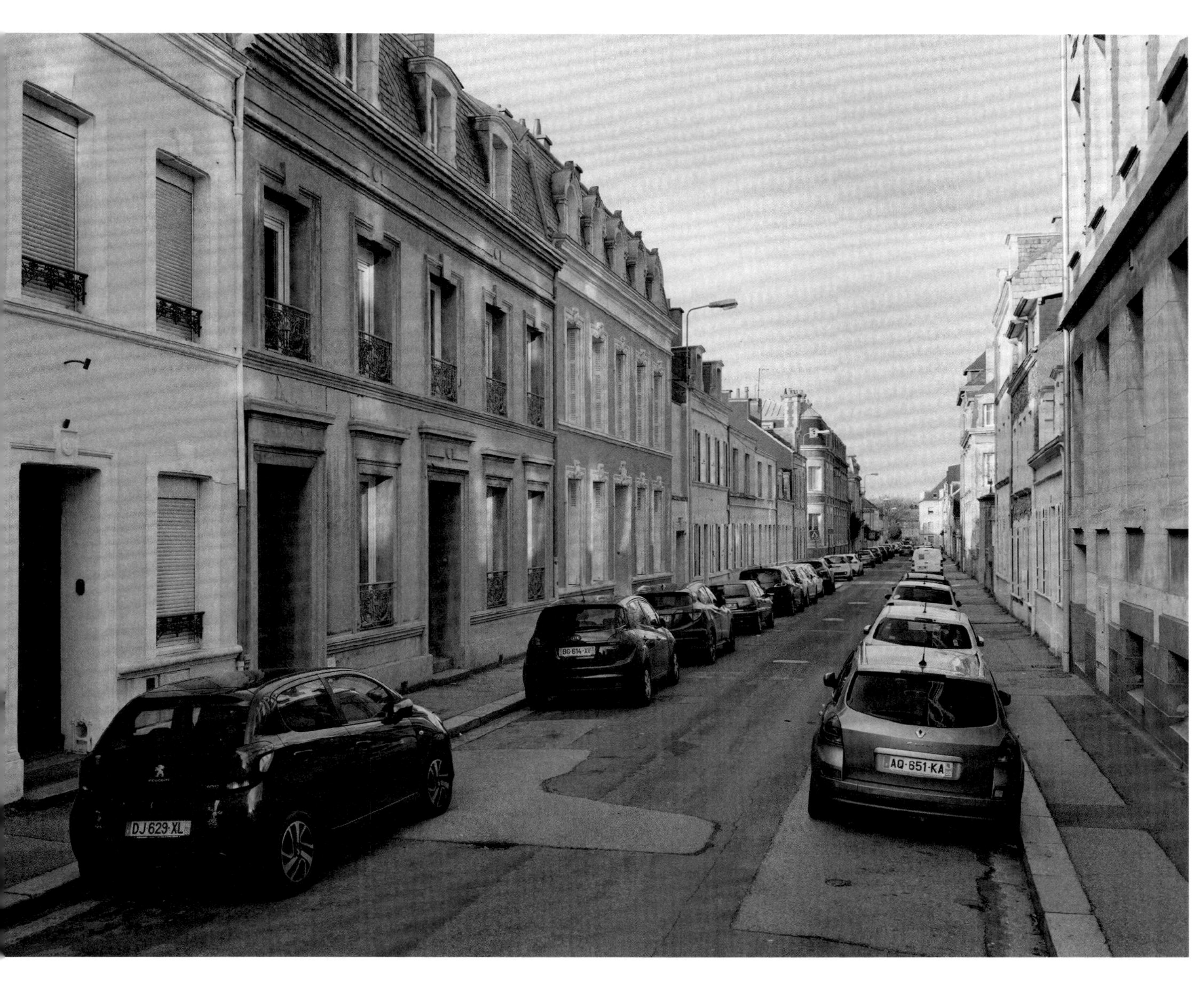

Мне нравится жить на этой старой улице в Шербурге, которая вызывает в памяти историю города и ши здания представляют для меня Французскую архитектуру. Это не похоже ни на одну страну которую я пересек.

Ушуров Абдуллах

Mamadou Baïlo Bah - Plage de Collignon

« C'est l'endroit que j'appelle ma piscine naturelle, parce que j'y vais tous les jours pendant l'été pour me baigner. »

Mamadou Baïlo Bah - Plage de Collignon

"This is the place I call my natural swimming pool, because I come here every day in the summer to take a dip." (Original caption in French)

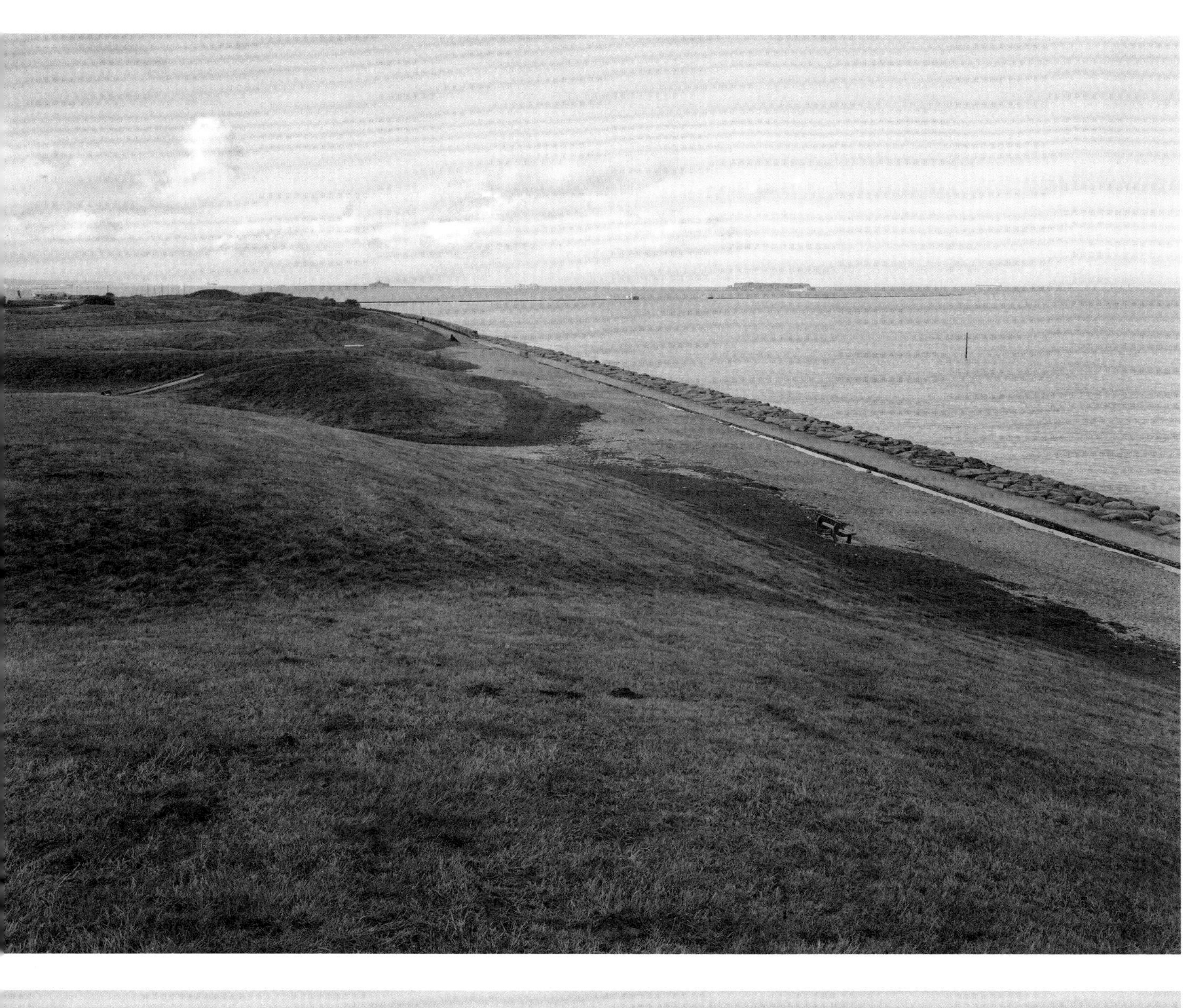

C'est l'endroit que j'appelle ma piscine naturelle, parce que j'y vais tous les jours pendant l'Été pour me baigner.

BAH Mamadou Bailo Maci

Ce projet a été conçu et mis en œuvre par Le Point du Jour, centre d'art/éditeur, et l'association Itinérance, dans le cadre d'Entre les images, un programme national d'ateliers de transmission et de pratique photographique développé par le réseau Diagonal avec le soutien du ministère de la Culture. Il a bénéficié du soutien de la Ville de Cherbourg-en-Cotentin.

Je tiens à remercier particulièrement David Barriet, codirecteur du Point du Jour, de m'avoir amené à penser ce protocole de travail, Anne Gilles, responsable des publics du Point du Jour, d'avoir accompagné généreusement chaque étape de sa réalisation, Beatrice Didier et David Benassayag, codirecteur.e.s du Point du Jour, de m'avoir témoigné leur soutien et leur confiance. Au sein de l'association Itinérance, Anne Caron et Claudie Rault-Verprey ont joué un rôle déterminant dans la formation du groupe de travail et ont fourni une aide précieuse durant l'atelier. Madeleine Gilles Lawrence m'a assisté durant tout l'atelier. Merci également à Olivia Mayolle pour son soutien.

Je remercie chaleureusement les partenaires de ce projet : Le Point du Jour, centre d'art/éditeur, association Itinérance, réseau Diagonal, ministère de la Culture, Ville de Cherbourg-en-Contentin, École supérieure d'arts et médias de Caen/Cherbourg.

This project was developed and implemented by the art center and publisher Le Point du Jour and the non-profit organization Itinérance as part of the national program "Entre les images" to promote the creation of workshops on the dissemination and practice of photography, which is coordinated by the Diagonal Network with the support of the French Ministry of Culture. It received specific funding from the City of Cherbourg-en-Contentin.

I would especially like to thank David Barriet, co-director of Le Point du Jour, for having encouraged me to create the working approach for this project; Anne Gilles, head of cultural outreach at Le Point du Jour, for having given so generously of her time in assisting with each of its stages; and Béatrice Didier and David Benassayag, co-directors of Le Point du Jour, for their support and the trust they placed in me. I am grateful for the invaluable help provided by Anne Caron and Claudie Rault-Verprey of Itinérance during the workshop and for the key role they played in bringing together the group of participants. I would like to extend a special note of thanks to Madeleine Gilles Lawrence, who tirelessly served as my assistant throughout the workshop. I would also like to acknowledge Olivia Mayolle for her support.

I am deeply grateful to all the partners who made this project possible: the art center and publisher Le Point du Jour, the non-profit organization Itinérance, the Diagonal Network, the French Ministry of Culture, the City of Cherbourg-en-Contentin, and the École supérieurs d'arts et médias de Caen/Cherbourg.

© RVB BOOKS, Matthieu Charon, Rémi Faucheux
© Les participants de l'atelier et Alexandre Guirkinger
ISBN 978-2-492175-19-0
Achevé d'imprimer en juillet 2022 en Italie.
Dépôt légal : juillet 2022.